Georg Geßner

DAS LUSTIGE MINISTRANTENBUCH

Witze, Sprüche, Lachgeschichten

mit Illustrationen von
Jutta Knipping

Verlag Butzon & Bercker Kevelaer

Die Deutsche Bibliothek – CIP-Einheitsaufnahme

Das lustige Ministrantenbuch : Witze, Sprüche, Lachgeschichten / Georg Geßner. Mit Ill. von Jutta Knipping. – Kevelaer : Butzon und Bercker, 1998
ISBN 3-7666-0156-3

ISBN 3-7666-0156-3

Umschlaggestaltung: Jutta Knipping, Osnabrück
Satz: SLC, Essen
Druck und Bindearbeiten: Clausen & Bosse, Leck

Inhalt

LIEBE MINISTRANTINNEN UND MINISTRANTEN,

brav, braver, am bravsten ist natürlich gut. So ein bisschen frech dürfen Minis aber auch hier und da einmal sein. Wie so ein „bisschen frech“ aussehen kann, zeigt dieses Buch. Es zeigt euch, wie man fromm, fröhlich und frech gleichzeitig sein kann, ohne verletzend, boshaft oder feindselig zu sein. Wer das beherrscht, wird innerhalb und außerhalb der Ministrantenschar stets viele gute Freunde und Freundinnen haben.

Euer Pfarrer Georg Geßner

VORSICHT HUND

Karsten und Rainer besuchen ihre Schulfreundin Cornelia.

„Die Gartentür ist nicht verschlossen. Wir können hineingehen“, meint Rainer.

„Nein, da gehe ich nicht rein“, sagt Karsten.

„Siehst du denn nicht das Schild, auf dem ‚Vorsicht Hund‘ steht? Wer weiß denn, was die für einen scharfen Hund haben.“

„Du bist ein Angsthase“, hält Rainer ihm vor. „Aber wir können ja zuerst einmal schellen.“

Als Cornelia ans Gartentor kommt, trägt sie ein klitzekleines Hündchen auf ihrem Arm.

„Ist das euer einziger Hund?“ fragt Rainer sehr erstaunt.

„Ja“, bestätigt Cornelia.

„Und seinetwegen habt ihr das Schild am Tor, auf dem ‚Vorsicht Hund‘ steht?“

„Ja, ja“, klärt Cornelia den Sachverhalt auf. „Das Schild habe ich hingehängt, damit keiner auf mein Hündchen tritt.“

ZEUGNISSORGEN

Martin schleicht nachts leise in das Zimmer des Vaters und weckt ihn ganz sanft auf. Dann sagt er: „Papa, ich weiß doch, dass du alles kannst! Aber kannst du auch im Dunkeln schreiben?“

Da wird der Vater hellhörig, was ihm sein Söhnchen alles zutraut und antwortet: „Ich denke, das werde ich auch noch können! Was ist es denn?“

„Es ist nicht viel – du brauchst nur da, wo ich meinen Finger hinhalte, deinen Namen hinzuschreiben.“

Jetzt ist der Vater hellwach. „Soll das wieder einmal eine Unterschrift sein? Wofür denn?“

Da antwortet Martin kleinlaut: „Für mein Zeugnis.“

Der Vater knipst das Licht an und mustert das Zeugnis eingehend. Dann sagt er: „Für so ein schlechtes Zeugnis müsste es eigentlich Prügel geben.“

„Au prima“, ruft Martin begeistert, „ich weiß, wo der Lehrer wohnt, und zeig dir morgen den Weg zu ihm!“

DIE 10 BESTEN MINISTRANTEN-WITZE

Am Taufbecken der Pfarrkirche steht die Statue Johannes' des Täufers. Als Oberministrant Pit mit dem Kerzenanzünder hantiert, schlägt er versehentlich der Figur den Kopf ab. Doch Pit weiß sich zu helfen: Der Pfarrer jedenfalls staunt nicht schlecht, als er die Figur mit daneben liegendem Kopf vorfindet und davor einen Zettel mit der Aufschrift: „Johannes der Täufer nach seiner Enthauptung."

In der Ministrantenstunde sagt Stefanie zum Pastor: „Herr Pfarrer, ich weiß ein Wort, das mit ‚A‘ anfängt und mit ‚och‘ aufhört.“ – „Das geht zu weit!“, entrüstet sich der Pfarrer. „Ich werde heute deine Eltern besuchen!“ – „Was regen Sie sich denn so auf, Herr Pfarrer?“, tut Stefanie ganz unschuldig. „Was haben Sie denn gegen ‚Aschermittwoch‘?!“

Oberministrant Markus ist manchmal Hilfsküster. Während einer Andacht kommt die Vorsitzende der Frauengemeinschaft in die Sakristei und bittet Markus, doch Licht anzuschalten: „Es ist so dunkel, dass man nicht lesen und mitsingen kann.“ Doch der sparsame Markus bleibt hart: „Jesus hat gesagt: Selig, die nicht sehen und doch glauben!“

Hermann will seinen Freund Klaus zur Ministrantenstunde abholen. Klaus ist noch nicht ganz fertig und bittet Hermann, kurz hereinzukommen. Doch Hermann sagt:

„Hereinkommen möchte ich nicht, ich habe so schmutzige Füße." - „Das macht nichts", stellt Klaus fest. „Du hast ja Schuhe an!"

Maxi kommt voller Dreck und hässlich riechend von der Ministrantenstunde heim. „Wo hast du dich denn so schmutzig gemacht?", fragt die Mutter voller Entsetzen. – „Ich bin ins Gras gefallen." - „Aber so sieht doch kein Gras aus!" - „Es war ja auch Gras, das die Kuh schon gefressen hatte", klärt Maxi schließlich den Sachverhalt auf.

Katrin wird zum Pfarrer gerufen. Der hält ihr vor, dass er von anderen Ministranten gehört habe, sie mache schlechte Witze über ihn. Doch Katrin weiß sich zu verteidigen: „Zu mir, Herr Pastor, sagen die immer, dass meine Witze über Sie gut sind!"

In der Ministrantenstunde ist eine wilde Jagd im Gange. Einige Minis haben unvermutet mit Wasserpistolen geschossen und nun fliegen Stühle um und die Lampe wackelt bedenklich. Plötzlich kommt der Pfarrer hereingestürzt und hält eine deftige Standpauke. Da ruft Jürgen: „Ja, wenn erst der Herr Pfarrer kommt, geht der Unfrieden los!"

Der Pfarrer sieht Max streng an und sagt: „Mein lieber Max, als ich ein Ministrant in deinem Alter war, habe ich nie gelogen!" - „Und wann haben Sie angefangen?", möchte Max nun aber gerne wissen.

Ministrant Timo besucht den Kaplan, als dieser gerade über dem Entwurf seiner Sonntagspredigt brütet. Interessiert betrachtet Timo das Werk. Dann meint er zögernd: „Herr Kaplan, haben Sie nicht in der Religionsstunde gesagt, dass Ihnen Gott sagt, was Sie predigen müssen?" - „Ja, doch", bestätigt der Kaplan. – „Aber, Herr Kaplan“, entrüstet sich Timo, „dann dürfen Sie doch nicht so viel wieder wegstreichen!“

Der Kirchturm ist eingerüstet. Trotz Verbot steigt Ministrant Markus das Gerüst hoch. Als er gerade wieder herabkommt, erwischt ihn der Pfarrer: „Du Lausbub! Kannst du nicht lesen? Warum hast du dich trotz Verbot auf dem Gerüst herumgetrieben?“ – „Ich wollte wegen der Abendandacht nur wissen, wie spät es genau ist“, redet sich Markus heraus. – „Und wie spät ist es genau?“ – „Verbotenes sag ich nicht weiter“, bleibt Markus konsequent.

DIE 10 BESTEN PFARRER-WITZE

Über den Jugendgottesdienst in der Pfarrgemeinde geht das Gespräch in der Jugendleiterrunde. „Ich glaube, ich muss in meine Predigten mehr Feuer legen, damit die Jugend mitgerissen wird . . .", resümiert der Kaplan. – „Vielleicht versuchen Sie es auch einmal mit dem umgekehrten Weg: mehr Predigten ins Feuer", schlägt Ulrich vor.

In der Sakristei ist plötzlich ein Streit unter den Ministranten ausgebrochen. „Du bist ein großes Kamel!", faucht Ludwig einen Mitministranten an. – „Du bist noch ein viel größeres Kamel!", gibt Herbert postwendend zurück. – „Jetzt reicht's aber", mischt sich der Pfarrer ein. „Ihr habt wohl ganz vergessen, dass ich auch noch im Raum bin!"

„Meint ihr nicht auch“, regt sich Ina auf, „dass die Krawatte unseres Pfarrers zu bunt für einen Geistlichen ist?“ – „‚Ich finde das nicht so wichtig“, antwortet Hartmut. „Hauptsache ist, dass seine Seele schwarz ist.“

Der Pfarrer hatte die Eltern der Ministrantin Simone getroffen. Am anderen Tag ist Simone dem Pfarrer gegenüber recht gereizt: „Herr Pfarrer, ich war mit Ihnen auch schon oft unzufrieden. Aber bin ich je auf die Idee gekommen, Ihre Eltern darüber zu informieren?“

„Welcher Automat ist in unserer Pfarrgemeinde am größten?“, fragt Robert in der Jugendstunde. Niemand weiß es. Robert gibt schließlich selbst die Antwort: „Das Pfarrhaus! Wirft man oben einen Stein durch das Fenster, kommt unten der Pfarrer raus!“

Daniel wird von der Mutter für den Sonntagsgottesdienst geweckt. Missmutig stöhnt Daniel: „Überall wird von Priestermangel geredet – nur bei uns fehlt nie ein Pfarrer!"

Der Pfarrer ist ziemlich dick. Als er bei der Fronleichnamsprozession mit den anderen Pfarrern der Stadt den Altar umsteht, stößt Ministrant Ludwig seinen Nachbarn an und meint: „Wir haben von allen Pfarrgemeinden der Stadt am meisten Pfarrer!"

In der Ministrantenstunde stellt Gerti dem Pastor eine Scherzfrage: „Herr Pfarrer, kennen Sie den Unterschied zwischen Chappi und Ihrer Predigt?" – Da rät der Pastor hin und her und kommt nicht drauf. Schließlich lüftet Gerti das Geheimnis: „Chappi ist für den Hund – und Ihre Predigt ist für die Katz."

In der Ministrantenstunde soll der Pastor einmal erzählen, was ihm aus seinem eigenen Leben – als er so alt war wie die Ministranten – noch ganz besonders in Erinnerung ist. Da muss der Pastor lachen und erzählt: „Nun, da habe ich zum Beispiel noch ganz besonders in Erinnerung, wie mir der Zahnarzt einmal einen falschen Zahn gezogen hat . . .“ – „Was“, entfährt es Klaus, „als Junge hatten Sie auch schon falsche Zähne?!“

Karins Katze hat Junge bekommen und Karin weiß nun nicht wohin mit dem Nachwuchs. „Geh doch mal hinüber ins Pfarrhaus“, rät die Mutter. „Dort gibt es sicher auch Mäuse!“ – „Nun“, fragt die Mutter als Karin zurückkommt, „wollen die ein Kätzchen haben?“ – „Nein“, berichtet Karin. „Die Haushälterin hat gesagt, sie könnten keine Katze halten, weil der Pfarrer einen Vogel hat.“

DIE 10 BESTEN RELIGIONS-UNTERRICHT-WITZE

„Der Pfarrer erklärt im Religionsunterricht: „Manche Gebote Gottes gelten für ganz bestimmte Leute. Wer kann mir ein Beispiel nennen?“ – Gert weiß eines: „Das achte Gebot gilt hauptsächlich für die Lehrer; denn da heißt es: Du sollst kein falsches Zeugnis geben!“

In der Religionsprobearbeit wird das Thema gestellt: Die Fastenzeit. Julia beginnt ihren Aufsatz: „In der Fastenzeit kommt der Pfarrer immer blau an den Altar . . .“

„Heute war unser Lehrer krank und dafür haben wir drei Stunden hintereinander Religion gehabt“, stöhnt Felix beim

Mittagessen. – „Tröste dich“, meint seine Schwester Edith. „Die Pfarrer müssen sich den ganzen Tag mit Religion herumschlagen!“

Der Pfarrer fragt in der Religionsstunde: „Könnte auch ich Bischof werden?“ – „Nein“, antwortet Theresia. „Dafür werden nur die Klügsten genommen!“

„Mein Vater hat mir zehn Mark versprochen, wenn ich in Religion eine Eins bekomme“, erzählt Robert dem Pfarrer in der Religionsstunde. – „Also, dann streng dich an!“, ermahnt der Pfarrer. – „Ich hätte einen besseren Vorschlag“, meint Robert. „Sie geben mir die Eins – und wir teilen . . .“

Religionsprüfung in der Schule. Kaplan zu einem Schüler: „Du siehst heute richtig

PFARRER

blass aus. Hast du Angst vor meinen Fragen?“ – Schüler: „Nein, vor meinen Antworten!“

Im Religionsunterricht wird der Pfarrer auf Clemens und Julian aufmerksam. „Was tuschelt ihr denn da dauernd miteinander?!“ – „Wir haben ein Markstück gefunden und haben beschlossen, dass es derjenige bekommen soll, der am besten schwindeln kann.“ – „Lügen ist eine Sünde“, erklärt der Pfarrer. „Als ich in eurem Alter war, habe ich nie gelogen!“ – Da meint Julian: „Wenn du einverstanden bist, Clemens, geben wir das Markstück dem Herrn Pfarrer – der kann am besten schwindeln!“

Im Religionsunterricht schildert der Pfarrer ganz ausführlich das Leiden Jesu. Plötzlich fängt Pia zu weinen an. – „Warum weinst du denn?“, fragt der Pfarrer. – „Weil der Heiland so schlimm leiden musste“, erklärt Pia. – Da meldet sich Berthold: „Wissen Sie, Herr

Pfarrer, die meint, das sei alles wahr, was Sie uns erzählen!"

In der Religionsstunde fragt der Pfarrer: „Auf den meisten Bildern ist die Muttergottes mit dem Jesuskind dargestellt; nie ist der Vater dabei. Wer weiß, warum das so ist?" – Siegfried: „Wahrscheinlich hat der Vater geknipst."

Der Kaplan erzählt in der Religionsstunde die Ereignisse vom Jüngsten Tag: vom Auferstehen der Toten, vom Untergang der Welt und vom Letzten Gericht. Da meldet sich Michael: „Ich freue mich schon darauf. Wir wohnen nämlich gleich neben dem Friedhof – und da kann ich dann alles ganz genau sehen!" – Da fragt Ulli: „Wenn das passiert – haben wir dann schulfrei?"

FLOTTE SPRÜCHE FÜR FLOTTE MINIS

Morgenstund – ist ungesund!

●

Wer sich eine Katze hält, sollte keinen Vogel haben.

●

Wer den Spott hat, hat den Schaden schon hinter sich.

●

Wer selbst im Glashaus sitzt, sollte nicht mit Steinen werfen.

●

Erstens kommt es anders – und zweitens als man denkt!

●

Mein Verhältnis zu meinen Eltern?
Manchmal klappt's und manchmal klappert's!

●

Wer seine Rechnungen nicht bezahlt, kann nicht auf den Schlaf des Gerechten hoffen.

●

Allen Wohltätern solltest du danken, besonders dem Bahnwärter für seine Schranken.

●

Bei den meisten Schützen, geht auch mal ein Schuss nach hinten los.

Ein verdorbener Magen ist besser als ein verdorbener Geist.

●

Oft schaut der mit weniger Geld sehr viel fröhlicher in die Welt!

●

Meist überzeugt den anderen ein Lachen mehr als eine Pistole in der Hand.

●

Kopf hoch – wenn der Hals auch dreckig ist!

●

Was Hänschen nicht lernt, lernt Hans nimmermehr.

●

Ohne Moral ist das Leben fatal.

●

Nicht jeder, der singt, ist auch schon eine Lerche.

●

Manchmal sind Narren weiser als die Allzuklugen.

●

Ein Sechser im Lotto ist besser als ein Sechser im Zeugnis.

●

Ist's dem Esel zu wohl, geht er aufs Eis.

●

Leute, macht alle Augen und Hühneraugen auf!

●

Einem geschenkten Gaul schaut man nicht ins Maul.

Da will das Ei klüger sein als die Henne!

Schau dir dein Handtuch an, dann siehst du, ob du saubere Hände hast – aber noch wichtiger ist ein sauberes Herz.

Zu viele Köche verderben den Brei.

Wer andern eine Grube gräbt, fällt selbst hinein.

Wer auf hohem Ross sitzt, kann leicht schmerzhaft herunterfallen.

Mancher muss erst sein Pulver verschießen, dann ist er erst zu genießen.

Man muss das Leben eben sehen, wie das Leben eben ist.

•

Auch der Löwe muss sich vor der Mücke wehren.

•

Dummheit, die man bei andern sieht, ist meist erhebend fürs Gemüt.

•

Der Sonntag ist der Tag des Herrn, am Sonntag schlaf und ruhe gern – doch bleib auch nicht der Kirche fern!

•

Wenn dir die Hälfte deiner Wünsche in Erfüllung geht, dann bekommst du zweimal so viele Sorgen.

•

Am meisten Erfolg hat der in der Welt, der Ruhe, Humor und die Nerven behält.

●

Bitte Gott um Segen für deine Arbeit, aber erwarte nicht von ihm, dass er sie auch noch tut.

●

Nehmen füllt die Hände. – Geben füllt das Herz.

ANGLERPECH

Christine ist eine begeisterte Anglerin. Heute hat sie ihre Freundin Sarah mit an den See genommen, damit sie einmal sehen kann, wie geangelt wird. Aber ausgerechnet heute will kein Fisch anbeißen. Nach zwei Stunden sagt Sarah: „Gibt es eigentlich etwas Langweiligeres als Angeln?"

„Natürlich", bleibt Christine die Antwort nicht schuldig, „das Zuschauen!"

„Vielleicht wissen auch die Fische nicht, dass du einen Angelschein hast", meint Sarah spöttisch.

Auf einmal zuckt aber doch etwas an der Angelschnur. Als Christine die Schnur einholt, hängt nur ein klitzekleines Fischlein daran, sodass Sarah laut lachen muss.

Wütend wirft Christine den kleinen Fisch wieder ins Wasser und ruft ihm nach: „Mach bloß, dass du weiterkommst und lass dich nicht wieder hier blicken ohne deine Eltern!“

Da lacht Sarah nur noch mehr. Als dann beide miteinander heimgehen, will Christine aber doch noch ein bisschen angeben und sie erzählt: „Einmal habe ich einen so großen Fisch am Haken gehabt, dass ich eine halbe Stunde gebraucht habe, bis ich ihn draußen hatte.“

„Ja, ja, das kenne ich“, witzelt darauf Sarah lachend. „Es ist schon ein Kreuz mit den Dosenöffnern!“

AM EISSTAND

Tilo ist ein Lausbub, wie er im Buche steht. Er wohnt in einem kleinen Dorf. Wieder einmal gibt es Ärger mit ihm.

„Zum Donnerwetter, wer drängelt denn dahinten so?", fragt der Eismann verärgert.

„Es hat ja keinen Wert, wenn ich Ihnen das sage", schreit Tilo nach vorne. „Sie kennen mich ja doch nicht!"

Kaum eine Minute später hat er sich mit seinem Vordermann in den Haaren. „Pass doch auf! Jetzt hast du mir schon zum zweiten Mal auf die Füße getreten. Kannst du nicht auch einmal woanders hintreten?"

„Kann ich, kann ich, du Witzbold, aber dann kannst du dich drei Tage nicht mehr hinsetzen!"

Ganz zum Schluss kann sich der Eismann ein Grinsen über Tilos Schlagfertigkeit nicht mehr verkneifen. Als nämlich ein kleiner Junge meckert, dass seine Eisportion viel zu klein ausgefallen sei, hat Tilo gleich wieder den richtigen Spruch auf Lager: „Hopp, zisch ab, du Hansdampf, für fünfzig Pfennig kannst du nicht verlangen, dass du auf deinem Eis Schlittschuh laufen kannst!"

DIE 10 BESTEN LEHRER-WITZE

Der neugierige Lehrer will bei einem Spaziergang zum benachbarten zugefrorenen See die Tragfähigkeit des Eises prüfen. Plötzlich bricht er ein und muss um Hilfe rufen. Harald, der in der Nähe gerade seinen Struppi Gassi führt, eilt sofort herbei, wirft dem Lehrer die Hundeleine zu und zieht ihn ans rettende Ufer. – „Du hast mir das Leben gerettet“, sagt der Lehrer anerkennend. „Dafür hast du eine Belohnung verdient! Hast du einen besonderen Wunsch?“ – „Ja“, antwortet Harald, „verraten Sie es nicht unserer Klasse, dass ich Sie gerettet habe!“

„Wie nennt man denn so einen Menschen, der immer redet und redet, ohne dass jemand zuhören mag?“, fragt der Lehrer in der Klasse. – „Vielleicht einen Lehrer, Herr Lehrer!“, vermutet Georg.

In der Biologiestunde ist Karin enttäuscht, dass die Lehrerin nicht den angekündigten Lehrstoff besprechen will. – „Aber Frau Müller“, unterbricht sie die Lehrerin, „Sie wollten doch heute über das Gehirn sprechen!“ – „Das nächste Mal“, räumt die Lehrerin ein. „Heute habe ich etwas anderes im Kopf.“

Der Lehrer hat daheim die Hefte korrigiert und trennt nun auf dem Pult die guten von den schlechten Heften: „So, Kinder, hier habe ich zwei Haufen gemacht!“ Die Klasse lacht schallend. – Darauf der Lehrer: „Wenn weiter so gelacht wird, setze ich noch einen vor die Tür!“

„Kannst du mich denn nicht grüßen, wenn du ins Zimmer kommst?“, ärgert sich der Lehrer. – „Würde ich gerne“, erklärt Marcel, „aber ich weiß nicht von wem.“

Der Lehrer rauft sich die Haare über Michaels Mathematikkenntnisse und seufzt: „Einer von uns ist ein Riesenidiot!“ Am folgenden Tag übergibt Michael einen blauen Brief. – Fragt der Lehrer: „Was ist das?“ – „Ein Attest vom Schularzt, dass ich normal bin!“

„Deine Dummheit stinkt ja zum Himmel“, schimpft der Lehrer mit Rudi. „In deinem Alter hab ich solche Rechtschreibfehler längst nicht mehr gemacht.“ – „Vielleicht hatten Sie bessere Lehrer“, vermutet Rudi.

Kurt ist im Rechnen eine Niete. Zornig sagt der Lehrer: „Geh mal in die Apotheke und hole für zehn Pfennig Verstand!“ „Und soll ich sagen, dass er für Sie ist?“, fragt Kurt einfältig.

Der Schulrektor hat Helmut zu sich befohlen. „Stimmt es, dass du an die Tafel geschrieben hast, ‚Lehrer Prezl ist ein Esel‘?“ – „Jawohl“, gesteht Helmut zerknirscht. – „Na gut“, nickt der Rektor: „Es freut mich, dass du diesmal die Wahrheit gesagt hast.“

Wie sich der Lehrer plötzlich umdreht, sieht er gerade noch, wie Hans–Jörg eine Grimasse schneidet. Ärgerlich brüllt er Hans–Jörg an: „Ich lass mir nicht hinter meinem Rücken auf der Nase herumtanzen!“

DIE 10 BESTEN SCHUL-UNTERRICHT-WITZE

Am Familientisch erzählt Ministrant Roland: „Heute habe ich verhindert, dass in der Schule dem Lehrer ein böser Streich gespielt wurde." – „Wie hast du das denn fertiggebracht?", interessiert sich der Vater. – „Die Jungen hatten dem Lehrer einen Reißnagel auf den Stuhl gelegt", erklärt nun Roland, „und gerade als der Lehrer sich setzen wollte, habe ich den Stuhl weggezogen."

Die Lehrerin erklärt den Kindern: „Man unterscheidet Vierfüßler und Zweifüßler. Die Kuh und das Pferd sind Vierfüßler, denn sie haben vier Beine. Zweifüßler haben zwei Beine." Da zeigt die Lehrerin auf das Bild einer Gans: „Das hier ist ein Zweifüßler; ich bin auch ein Zweifüßler. Also Mariechen, was bin ich?" – Ängstlich und verschreckt antwortet Mariechen: „Eine Gans."

Am Ende des Unterrichts zeigt Bianka auf: „Herr Lehrer, können Sie mir sagen, was wir heute im Unterricht gelernt haben? Am Abend fragt mich immer mein Vater – und dann weiß ich es nicht!“

„Aber Simon, deine Schrift kann wirklich niemand lesen!“, beschwert sich der Lehrer bei der Rückgabe der Probearbeit. – „Und wenn ich deutlich schreibe, dann beschweren Sie sich darüber, dass alles falsch ist“, sucht sich Simon zu entschuldigen.

Thomas stört mit seiner Zappeligkeit den ganzen Unterricht. – „Was soll aus dir bloß mal werden!“, ruft der entnervte Lehrer. – „Ich will mal Pilot werden“, antwortet Thomas. „Da bin ich ja beruhigt“, meint der Lehrer. „Da bist du dann wenigstens angeschnallt!“

Der Lehrer erzählt den Kindern, dass die Sonne hundertfünfzig Millionen Kilometer von der Erde entfernt sei. „Um so erstaunlicher ist es“, meint Gerhard, „dass sie jeden Morgen so früh hier ist.“

Das Zeugnis war längst fällig. Stefan hatte es zu Hause immer noch nicht vorgezeigt. – „Wo ist denn dein Zeugnis?“, fragt schließlich die Mutter ungeduldig. – „Ich habe es dem Franz geliehen“, erklärt Stefan. „Der möchte damit seinen Vater erschrecken.“

„Welche Arten von Schlangen gibt es?“, fragt der Lehrer die Klasse. „Wenn sie gut sehen, sind es Seeschlangen; wenn sie schlecht sehen, sind es Brillenschlangen; wenn sie gar nicht sehen, sind es Blindschleichen!“, erklärt Moritz.

Der Lehrer in der Biologiestunde: „Der Mensch hat eine Temperatur von 37 Grad, das Wild hat eine von 38,5 Grad und der Vogel hat eine Körpertemperatur von 41 Grad." Da bemerkt er, dass Fritz auf seinem Block malt und nicht aufpasst. „Fritz, wiederhole, was ich eben erklärt habe!" – Fritz: „Der Mensch hat eine Temperatur von 37 Grad, wenn er wild wird, hat er 38,5 Grad, und wenn er einen Vogel hat, dann hat er 41 Grad."

Franz nimmt den Dienst als Schülerlotse sehr ernst und bringt seine Schützlinge stets wohlbehalten über die Straße. Als er eines Tages verhindert ist, seinen Dienst zu versehen, weiß er sich zu helfen. Für die Autofahrer gut lesbar, bringt er ein Schild an: „Überfahrt die Kinder nicht! Wartet bis der Lehrer kommt!"

DIE 10 BESTEN ELTERN-WITZE

„Stimmt es, dass deine Mutter gefährlich krank ist?“, erkundigt sich der Pfarrer teilnahmsvoll in der Ministrantenstunde. – „Halb so schlimm“, antwortet Paul, „gefährlicher ist sie, wenn sie gesund ist!“

Lieschen hat in ihrem Heft den Vermerk: „Ihre Tochter schwatzt zu viel!“ Der Vater möge unterschreiben. Missmutig setzt der Vater seine Unterschrift darunter mit der Anmerkung: „Da müssten Sie erst mal ihre Mutter hören.“

Der Vater liegt krank daheim im Bett und möchte gerne von Sybille erfahren, wie es beim Sonntagsgottesdienst war. Doch Sybille scheint heute ihren einsilbigen Tag zu haben. –

„Warst du in der Kirche?" – „Ja!" – „Hat der Pfarrer gepredigt?" – „Ja!" – „Über was denn?" – „Das hat er nicht gesagt." – „Besinne dich mal! Du musst doch wissen, über was er gepredigt hat!" – „Über die Sünden." – „Und was hat er darüber gesagt?" – „Er war dagegen."

„Sag mal, Papa, was ist ein Ferkel?" – „Es ist ein Kind von einem Schwein. Warum fragst du?" – „Der Lehrer hat mich heute ein Ferkel genannt."

„Vati", bettelt Karin, „schenkst du mir eine Mark für ein Eis?" – „Nein", wehrt der Vater energisch ab. „Ich denke nicht daran." – „So", mault da Karin, „Kinder wollt ihr haben, aber kosten sollen sie nichts!"

„Scheiße“, murmelt der kleine Steffen vor sich hin. Der Vater horcht auf und fragt ein wenig ärgerlich: „Wer hat dir denn dieses hässliche Wort beigebracht?“ – „Das Christkind“, behauptet Steffen. – „Das glaubst du doch selber nicht!“, mischt sich jetzt die Mutter ein. – Doch Steffen bleibt dabei und kann auch erzählen, wie es war: „Ich hab an der Tür gehorcht, wie das Christkind heimlich die Spielsachen hingestellt hat. Und wie es dann an einen Stuhl gestoßen ist, hat es ganz laut ‚Scheiße!‘ gesagt.“

Die Geschwister hören von der Küche her das Klirren von Scherben. „War es wohl Mutti oder Susi?“, fragt Horst. „Ganz einfach! Es war Mutti“, weiß Anne, „weil niemand schimpft!“

„Bist du zu Hause der Älteste?“, will der Lehrer von Egon wissen. „Nein“, gibt Egon Auskunft, „mein Vater und meine Mutter sind älter.“

Tina will heute nicht zur Sonntagsmesse aufstehen, als die Mutter sie weckt: „Ich fühle mich heute überhaupt nicht wohl!“ – „So, wo denn?“ – „In der Kirche!“

Die Mutter ist richtig böse auf Joachim, über den sie eben von einer anderen Mutter vernommen hat, dass er deren Sohn einen Zahn eingeschlagen hat. Nachdem sie tüchtig mit Joachim geschimpft hat, meint sie zum Schluss: „Du könntest der bravste Junge in der Straße sein, wenn du nur endlich einmal wolltest!“ – „Ich will ja schon lange“, korrigiert Joachim, „aber es kommt jedes Mal was dazwischen!“

FLOTTE SPRÜCHE FÜR FLOTTE MINIS

Daheim regnet es billiger als im Urlaub.

•

Wo dicke Luft ist, machst du dich am besten dünn.

•

Wenn Sie meinen, dass ich dumm bin, dann sollten Sie erst meinen Lehrer kennen!

•

Lieber gesund und reich als arm und krank!

●

Wem seine Füße im Weg sind, sollte nicht Fußball spielen.

●

Wer sich nach allen Seiten verneigt, zeigt auch allen den Hintern.

●

Lieber dumm als eine Glatze.
(Das merkt man nicht so!)

●

Ab und zu ein kleines Nickerchen bewahrt vor dem Altwerden, besonders, wenn man ein Auto steuert.

●

Es ist paradox, wenn die Nase nicht riecht, sondern läuft, und wenn die Füße nicht laufen, sondern riechen.

Wer behauptet, dass er nie müde wird, geht vermutlich schon vorher ins Bett.

●

Wer nur schwarz sieht, steht im Dunkeln.

●

Autofahrer, die sich nicht gurten und trotzdem spurten, leben ungesund.

●

Wer sich in den Hintern beißt, ist selber schuld.

●

Mit einem schlechten Gewissen fühlst du dich bald besch–

●

Je doofer einer schaut, umso mehr überrascht er seine Umgebung, wenn er was weiß.

●

Es ist gut, dass es mir besser geht, aber es wäre besser, wenn es mir gut ginge.

●

Der Klügste ist am Ende der Doofste.

●

Warmherzig ist besser als kaltschnäuzig!

●

Wenn du anfängst zu denken, dann denke daran, dass dein Denken auch falsch sein kann!

●

Wer mit Gott im Bund ist, braucht den Teufel nicht zu fürchten.

●

Eine Schwalbe macht noch keinen Sommer.

●

Manche, die in den Spiegel schauen, sind nicht eitel, sondern tapfer.

●

Für ein miesepetriges Gesicht brauchst du viele Muskeln, für ein fröhliches nur ein paar wenige.

●

Solange du nicht heilig bist, bist du vielleicht scheinheilig.

●

Der Weg zur Hölle ist mit guten Vorsätzen gepflastert (die nicht eingehalten werden).

●

Machst du den Tag zur Nacht, wirst du ausgelacht; machst du die Nacht zum Tag, hast du viel Plag.

●

Dummheit und Stolz wachsen auf gleichem Holz.

●

Wenn mancher Mann wüsste, wer mancher Mann wär, gäb mancher Mann manchem Mann manchmal mehr Ehr.

●

Froh zu sein bedarf es wenig und wer froh ist, ist ein König.

●

Man stolpert nicht über den Berg, sondern über den Maulwurfshügel.

●

Wer seinen Ärger verkürzt, verlängert sein Leben.

●

Wer keine Blitze werfen kann, sollte auch nicht donnern.

Nur ein komischer Vogel schmückt sich mit fremden Federn.

●

Man soll beten – aber man soll nicht das Blaue vom Himmel herunterbeten wollen.

●

Selbst das Schweigen mancher Leute hat Sprachfehler.

●

Wenn du immer alles sagst, was du weißt, wirst du am Schluss nicht mehr wissen, was du alles gesagt hast.

●

Wenn du jemandem die Zähne zeigen willst – probier's mal mit Lachen!

●

Wer viel fragt, gilt als Dummer für kurze Zeit – wer nie fragt, gilt als Dummer für immer.

Wenn du Geld verlierst, hast du vielleicht viel verloren – wenn du einen guten Freund verlierst, hast du viel mehr verloren.

●

„Recht haben“ und „Recht bekommen“ sind mitunter zwei verschiedene Stiefel.

●

Mit einem Tropfen Honig fängt man mehr Fliegen als mit einem Fass Essig.

●

Wer frech ist, der hat mehr vom Leben, doch wird's ihm bald doppelt zurückgegeben.

BIBLISCHE ORDNUNG

Als der Pfarrer einen seiner Ministranten besuchen will, sagt ihm die Mutter an der Haustür, dass der gerade oben in seinem Zimmer ist, der Herr Pfarrer solle ruhig einmal hinaufgehen, um das Durcheinander mit eigenen Augen sehen zu können.

„Vielleicht können Sie ihm bei dieser Gelegenheit auch gleich einmal ins Gewissen reden“, bittet die Mutter den Pfarrer. Oben im Zimmer sieht es tatsächlich aus, als ob gerade eine Bombe explodiert wäre.

„Wenn ich mich hier umschaue und dieses Tohuwabohu sehe, glaube ich fast, in deinem Zimmer sieht es so ähnlich aus, wie die Bibel den ersten Schöpfungstag beschreibt.“

Simon ist aber kein bisschen verlegen und er meint selbstbewusst, dass ihn das gar nicht

wundert, wenn der Pfarrer bei seinem Zimmer an die Bibel denke, weil ja bei ihm tatsächlich alles nach dem biblischen System organisiert ist, welches heißt: „Suchet, so werdet ihr finden!“

„Und das will ich dir übrigens bei dieser Gelegenheit auch einmal sagen“, hakt der Pfarrer nochmals ein. „Ich sehe dich immer wieder ohne Licht in der Dunkelheit herumfahren. Das ist eine Sünde bei diesem Verkehr!“

Auch in diesem Fall erweist sich Simon als recht bibelfest: „Hat Jesus nicht gesagt: ‚Selig sind die, die nicht sehen und doch glauben‘?“

DER ZOOBESUCH

Die Schulklasse macht mit ihrer Lehrerin eine Unterrichtsfahrt mit dem Bus zum Zoo. Natürlich bleiben zuerst alle einmal vor den Affenhäusern stehen und schauen zu, wie es in einem Affenhaus zugeht. Da sagt Heiner: „Schaut einmal! Der große Affe da sieht aus wie Lehrer Hallervorden!“

„Sei sofort still“, sagt die Lehrerin, „so was sagt man nicht!“

Da entschuldigt sich Heiner und meint: „Aber der Affe hat das doch gar nicht verstehen können!“

Bei der Kamelfamilie will Anne wissen, welches von den zwei großen Kamelen der Vater und welches die Mutter ist.

Da weiß Markus genau Bescheid: „Der Vater ist immer das größte Kamel!“

Auf dem Heimweg im Bus fragt die Lehrerin die Kinder, was ihnen am besten gefallen hat. Da antwortet Florian wie aus der Pistole geschossen: „Dass man alle Schimpfnamen persönlich hat rumlaufen sehen!“

„Und dass man die sich jetzt viel besser vorstellen kann, wenn man daheim damit beschimpft“, ergänzt Cornelia.

DIE 10 BESTEN GROSSELTERN-WITZE

„Woher hast du eigentlich so eine rote Nase?“, fragt Klein-Christine den Opa. – „Von den vielen Schicksalsschlägen“, seufzt der Opa. – „Ach“, staunt Christine, „und alle immer gerade auf die Nase?“

„Sag, Kleine, wer ist denn der rüstige alte Herr, der da drüben im Garten arbeitet?“ – „Das ist mein Opa“, erklärt Reinhilde stolz. – „Wie alt ist er denn?“ – „Das weiß ich nicht, aber wir haben ihn schon sehr lange.“

Die Oma kann es nicht lassen, ihren Enkeln gute Manieren beizubringen. „Wenn ich gähne“, erklärt sie eben Helga, „dann nehme ich die Hand vor den Mund. Warum wohl?“ – „Weil du Angst hast, dass dein künstliches Gebiss herausfällt“, vermutet Helga.

Niki führt die blinde Großmutter spazieren. Immer wenn ein Graben kommt, ruft er: „Oma hops mal!“ Und so überwindet die Oma an der Hand des Jungen spielend das Hindernis. Das gefällt dem Niki aber so gut, daß er die blinde Oma ab und zu auch mal hopsen lässt, wo in Wirklichkeit gar kein Graben ist. Ein Passant, der dies mitbekommt, schimpft: „Gemeiner Bengel, lass das sofort sein!“ – „Was wollen Sie denn?“, verteidigt sich Niki. „Das ist meine Oma – die kann ich hopsen lassen, wo und wann ich will!“

Der Opa sitzt am Schreibtisch, als Hans ins Zimmer stürzt: „Du, Opa!“ – „Stör mich jetzt nicht bei der Arbeit“, rügt der Großvater. „Sprich nur, wenn du gefragt bist!“ – „Gut, Opa“, lässt sich Hans nicht beeindrucken, „dann frag mich doch, ob Oma die Treppe hinuntergefallen ist!“

„Bitte, spiel mit uns“, betteln Hänschen und Jaköbchen die Oma an. „Wir wollen Zoo spielen und wir Kinder sind die Affen.“ – „Aber, was soll ich denn dabei?“, wundert sich die Oma. – „Du musst die Affen mit Schokolade und Bonbons füttern!“, schlagen die Kinder vor.

„Fredi, hast du gestern jemand eine Freude gemacht, wie wir es uns in der Pfadfinderstunde vorgenommen hatten?“ – „Ja!“, antwortet Fredi dem Gruppenführer. „Ich habe meine Oma im Krankenhaus besucht und die war froh, als ich wieder fortging.“

„Weißt du, warum ich dich jetzt ein kleines Schwein genannt habe?“, fragt der Opa den Enkel. – „Ja“, weiß Klausi, „weil ich noch nicht so groß bin wie du!“

„War die große Prüfung in der Schule heute schwer?“, erkundigt sich die Oma bei der Enkelin. – „Nein“, berichtet Eva–Maria, „die hättest sogar du bestanden!“

Am Morgen in der Sakristei erzählt Anne dem Kaplan: „Bei uns ist heute Nacht ein kleines Wunder geschehen. Unser Opa, der stocktaub ist und seit Jahren nichts mehr hört, hat plötzlich wieder was gehört. Als gestern am späten Abend bei dem schweren Gewitter der Blitz neben unserem Haus eingeschlagen hat, hat der Opa ‚herein!‘ gerufen.“

DIE 10 BESTEN GESCHWISTER-WITZE

„Warum ist dein Zwillingsbruder heute nicht zum Ministrieren gekommen?“, will der Pfarrer von Jan wissen – „Er liegt im Krankenhaus.“ – „Und wie kommt das?“ – „Wir hatten eine Wette gemacht, wer sich am weitesten aus dem Fenster im zweiten Stock hinausbeugen kann – und er hat gewonnen.“

Der Vater will das von den Kindern so sehr geliebte Kaninchen schlachten. – „Ich werde es heimlich aus dem Stall nehmen“, verrät Achim der großen Schwester, „und in meinem Schlafzimmer verstecken.“ – „Aber der Geruch!“, gibt die Schwester zu bedenken. – „Daran wird sich das Kaninchen gewöhnen müssen“, meint Achim.

„Der Pastor hat mich in der Schule heute einen Halbidioten genannt", beschwert sich Sascha am Familientisch. – „Da kannst du mal sehen, wie höflich der ist", verteidigt die Schwester den Pastor, „sonst hätte er die volle Wahrheit gesagt."

Peter erklärt der heimkommenden Mutter: „Während du einkaufen warst, Mutti, hat Sabinchen einen Käfer verschluckt: aber du brauchst dir keine Sorgen zu machen, ich habe ihr gleich Insektenpulver gegeben."

Eveline schwärmt für Peter und möchte ihm etwas zum Geburtstag schenken. So fragt sie dessen Schwester: „Ist dein Bruder eine Leseratte?" – „Nein", gibt Helga Auskunft, „er ist nur eine gewöhnliche Ratte."

„Deine Füße sind dreckiger als meine!“, stellt Rainer vor dem Schlafengehen fest. – „Ich bin ja auch zwei Jahre älter als du“, hat der Bruder eine Erklärung.

„Ist das kleine Mädchen in unserem Kindergarten deine Schwester?“, fragt der Pfarrer die neu zugezogene Ministrantin Brigitte. – „Ja“, gibt Brigitte bereitwillig Auskunft, „aber wir sind nur ganz weitläufig miteinander verwandt, denn ich bin das erste Kind in der Familie – und sie ist das sechste.“

Der Vater ärgert sich über die Naschhaftigkeit seiner Kinder: „Als ich so alt war wie ihr, habe ich manchmal Hunger gehabt und immer im kalten Zimmer schlafen müssen.“ – Darauf meint Eva: „Da kannst du ja froh sein, dass du jetzt bei uns sein darfst.“

Nach der Besichtigung aller Kirchen und Kapellen der Stadt will der Vater jedem Familienmitglied eine Eiskugel spendieren. An der Eisbude steht aber schon eine lange Menschenschlange. „Kommt, wir gehen weiter", sagt der Vater. „Es lohnt nicht, eine Viertelstunde anzustehen wegen einer Eiskugel." – Doch Joachim weiß Rat: „Kauf doch jedem zwei oder drei Kugeln, dann lohnt es sich wenigstens!"

Alexander und Christian streiten sich am Frühstückstisch. – „Alexander", versucht die genervte Mutter den Frieden wieder herzustellen, „du musst Christian einfach mit Verachtung strafen." – Nach einer Weile schimpft Christian: „Oben straft er mich mit Verachtung und unten tritt er mich mit den Füßen!"

DIE 10 BESTEN ZELTLAGER-WITZE

Albrecht kommt zum Zeltlagerleiter gestürmt: „Schnell, komm mit! In unserem Zelt liegt Karlchen Maier und ist ohnmächtig." – „Wie ist denn das zugegangen?", will der Zeltlagerleiter unterwegs wissen. – Albrecht erklärt den Sachverhalt: „Eine Biene hat sich auf Karlchens Kopf gesetzt und hätte ihn vielleicht gestochen; da habe ich sie mit dem Holzhammer totgeschlagen."

Bis endlich das Lagerfeuer brannte, hatte es im Zeltlager eine kleine Mückeninvasion gegeben. Als jetzt plötzlich Glühwürmchen durch die Luft schaukeln, ruft Herbert entsetzt: „Lasst uns endlich hier verschwinden! Jetzt suchen die Biester schon mit Laternen nach uns!"

Bei der Bergtour der Minis mit dem Kaplan hängt einigen ganz schön die Zunge heraus. Als man endlich am Gipfel ist, schwärmt der Kaplan: „Schaut mal da unten das kleine Dörfchen mit der Kirche und die herrlichen Wiesen mit dem blauen See mittendrin!“ – Da wird Fabian richtig wütend: „Nun möchte ich bloß wissen, warum Sie uns hier heraufgeschleppt haben, wenn es da unten so schön ist!“

Vom nahen Zeltlager stürzen einige Minis in die Drogerie: „Unser Pastor ist in ein Wespennest getreten!“ – „Braucht ihr Salbe?“ – „Nein, einen Farbfilm!“

Die Gruppe hat eine Blindschleiche aufgespürt. Da sagt Otto: „Wenn ich eine Mark bekomme, lecke ich mal dran.“ – Jochen gibt ihm die Mark und hält ihm die Blindschleiche vors Gesicht. – „Irrtum, mein Lieber“, grinst Otto. „Ich habe die Mark gemeint!“

Frank ist ein kleiner Dreckfink. Am Abend sagt die Mutter zu ihm: „Wenn du deinen Hals schön wäschst, darfst du morgen beim Ausflug mit!“ – „Und wenn es regnet, stehe ich da mit meinem gewaschenen Hals!“, widerspricht Frank.

„Ich denke, ihr solltet im Schwimmbad sein – und nun bist du schon wieder da?“, erkundigt sich der Zeltlagerleiter bei Theo. – „Der Bademeister hat mich rausgeschmissen, weil ich ins Wasser gepinkelt habe.“ – „Und das hat er gemerkt?“ – „Ja, es war ja vom großen Sprungturm.“

Im Zeltlager schaut Jürgen staunend zu, wie sich am Morgen der teilnehmende Pfarrer rasiert. Nach einer Weile meint er: „Der Freddy aus unserer Gruppe kann das Gesicht genauso doof verziehen wie Sie – sogar ohne Rasierapparat.“

Am Zeltlager nimmt auch der Pfarrer aktiv teil. Als er beim Aufbau des Feldaltars den ersten der vier Pfosten in den Erdboden treibt, gesellt sich Dieter zuschauenderweise dazu. – Nach einer Weile sagt der Pfarrer: „Willst du mir helfen?“ – „Nein“, sagt Dieter, „ich will nur mal hören, was ein Pfarrer sagt, wenn er sich auf den Daumen klopft.“

„Na, Frau Griese, welche Eindrücke hat denn ihre Elfi vom Jugendzeltlager mitgebracht?“, will die Nachbarin wissen. – „Eindrücke sind mir nicht bekannt“, gibt die Mutter Auskunft, „aber die Ausdrücke sind entsetzlich!“

FLOTTE SPRÜCHE FÜR FLOTTE MINIS

Gegen Plattfüße hilft kein Aufpumpen.

●

Auch wenn einen der Hafer sticht, sollte man sich nicht einbilden, man habe Pferdestärken.

●

Nur Schweine fühlen sich im Saustall sauwohl!

●

Wer in der Nase bohrt, holt noch lange nicht das Beste aus sich heraus.

●

Im Leben geht mancher Schuss daneben.

●

Wer andern in der Nase bohrt, ist selbst ein Schwein.

●

Wer schläft, sündigt nicht, wer nicht schläft, sündigt.

●

Warum hat denn die Kokosnuss noch immer keinen Reißverschluss?

●

Wie immer es hier riechen mag – mir stinkt's!

●

Wenn du Pech hast, bricht dir der Finger in der Nase ab.

●

Sind schlafende Hunde erst mal wach – gibt es Krach.

●

Eine Fledermaus, die mit dem Kopf nach oben hängt, macht gerade Yoga.

●

Wer anderen durchs Schlüsselloch guckt, ist auch nicht besser!

●

Wer selber schnarcht, sollte auch andere Schnarcher ertragen.

●

Wer sich in den Finger beißt, stillt weder seinen Hunger, noch ist er ein Feinschmecker.

Verliebe dich nicht zu sehr, sonst hast du's nachher schwer.

●

Wer sich die Pfoten verbrennt, hat schnell die Schnauze voll.

●

Es ist für die Katz, wenn du auf den Hund kommst.

●

Fehlgeschossen Herr Blitz – hier saß der Fritz!

●

Nachtigall, ich hör dich trapsen!

●

Das ist so sicher wie das Amen in der Kirche.

●

Es wäre oft schön, aber leider nicht christlich!

●

Leute kauft Kämme, es kommen lausige Zeiten!

●

Ich glaub dir alles, ob es wahr ist oder nicht.

●

Manch einer hält seinen persönlichen Vogel für den Heiligen Geist.

●

Auch wenn du mit der Nase trompetest wie ein Elefant, fehlt dir trotzdem der kräftige Rüssel.

●

Manchen, der denkt, er habe den Tiger im Tank, hat nur der Teufel am Kragen.

„flott“ ist oft nur flop.

●

Hauptsach’ e bissle g’sund und katholisch!

●

Ich kann dich nicht riechen – du stinkst mir!

●

Idioten sind Menschen wie du und ich.

●

Hunde mit Flöhen haben keine Langeweile.

●

Wer keine Eier legen kann, sollte auch nicht gackern.

●

O weia, der Hahn legt keine Eia!

●

Wer einmal leckt, der weiß, wie's schmeckt.
Wer zweimal leckt, der kennt den Dreck.
Wer dreimal leckt, der schmeißt ihn weg.

●

Wer weiterkommen will, sollte vielleicht manchmal besser kriechen wie eine Schnecke, statt meckern wie eine Ziege.

●

Ich wollt, ich wär ein Huhn, da hätt ich nichts zu tun. Ich legte am Tag ein Ei, dann wär ich wieder frei.

●

Ich wollt, ich wär ein Elefant, da tät ich jubeln laut. Es ging mir nicht ums Elfenbein, nur um die dicke Haut.

●

Wenn man mit dem Brett vor dem Kopf aufeinander losgeht, dann gibt es ein klapperndes Geräusch, aber keinen Dialog.

Ein Heiliger, der traurig ist, wäre ein trauriger Heiliger. Ein Heiliger, der komisch ist, wäre ein komischer Heiliger.

Auch das beste Pferd im Stall – macht Mist!

DIE BESTECHUNG

Der alte Opa der Familie Müller hat am Sonntag noch nie seinen Gottesdienst versäumt. Jeden Sonntag kommt er in die Kirche und setzt sich mit seinem Enkelkind in die vorletzte Bank.

Aber der Mann wird halt auch älter und jetzt schläft er während der Predigt immer ein und stört mit seinem Geschnarche den Gottesdienst.

Da hat der Pfarrer eine gute Idee: Er gibt dem Enkelkind jedes Mal fünfzig Pfennig, wenn es seinen Opa immer zuverlässig aufweckt. Und das klappt auch prima!

Doch eines Sonntags schläft und schnarcht der Opa wieder, wie man es von früher kennt und der kleine Junge holt sich auch seinen Fünfziger nicht mehr ab.

Da knöpft sich der Pfarrer den kleinen Felix einmal vor und fragt ihn: „Warum holst du dir denn den Fünfziger nicht mehr ab?"

„Den brauche ich nicht mehr!", antwortet der. „Der Opa gibt mir jetzt jedes Mal eine Mark, wenn ich ihn nicht aufwecke!"

DAS FRÖHLICHE MINISTRANTEN-KIRCHENWÖRTERBUCH VON ADVENT BIS ZELEBRANT

Advent
So heißt die Wartezeit vor Weihnachten. (Hauptarbeitszeit für den Nikolaus)

Albe
Langes, weißes, liturgisches Gewand, das die Erscheinung des Pfarrers aufwerten soll – und es meist auch tut

Altar
Mittelpunkt der Kirche. Sein Umfeld ist Übungs– und Ernstfallgelände für Ministranten.

Altarglocken
werden von Ministranten bedient. Sie zeigen an: „Achtung, es geschieht etwas Besonderes!“
(Bitte klingeln – nicht bimmeln!)

Ambo
Liturgischer Ort, wo Priester, Lektoren und Vorbeter sprechen und sich versprechen können

Beichtstuhl
Spezialmöbel in katholischen Kirchen zwecks Sündenvergebung
(Wochenendhaus des Pfarrers)

Bischof
Lateinisch: „Pontifex“ – zu Deutsch: „Brückenbauer“ (Seine geistigen Brücken könnten in Ausnahmefällen auch mal Lücken haben!)

Bistum (auch Diözese)
Geistliches Herrschaftsgebiet eines Bischofs

über alle, die sich von ihm beherrschen lassen wollen.

Eheschließung (auch Trauung)
Lebenslanger Vertrag zwischen einem männlichen und einem weiblichen Wesen (Feier bei Minis beliebt, da Obulus zu erwarten)

Evangelium
Die „Frohe Botschaft“, die vom Pfarrer immer todernst verkündet wird

Fastenzeit
Für viele: Zeit, um schlank zu werden. Für Christen: Vorbereitungszeit auf Ostern

Firmung
Vom Bischof gespendetes Sakrament (Viele Firmlinge nutzen ihre Geisterfülltheit kaum aus.)

Gabenbereitung
Da dürfen die Minis dem Pfarrer einmal ungestraft „reinen Wein“ einschenken.

Glocken
Meist aus Bronze gegossen und zu mehreren im Kirchturm, sind der „Wecker“ der

Kirchturmuhr für willige oder säumige Gläubige

Gott

steht über allen und über allem. Er ist Schöpfer des Universums. (Aber wenn du willst, kann er dir ganz nah sein.)

Hostie

Aus reinem Weizenmehl und Wasser, früher meist reinweiß – heute meist brotähnlicher. Nach Verwandlung heiliges Sakrament!

Kanzel

Hochsitz für Prediger, die ihre Schäflein ins rechte Herz treffen wollen

Kaplan (auch Vikar)

Sozusagen menschlicher Hirtenhund eines besorgten Pastors

Kelch

Liturgisches Trinkgefäß – edel in Gestalt und Material (Außerhalb der Gebrauchszeiten im Panzerschrank verborgen)

Kirche

a) Gebäude: geisterfüllter Asylraum für

Sünder, die willens sind, sich bekehren zu lassen.

b) Gemeinde: vom Kirchenbazillus angesteckte, und somit zum Wiederkommen sich verpflichtet fühlende Gläubige

Klingelbeutel (auch Kollektenkörbchen)
Eine „Handreichung“ der Kirche, die durch eine Spende erwidert werden muss

Küster
Vom Pfarrer bestellter Ordnungspolizist für Kirche und Sakristei (manchmal Schreckgespenst für Minis)

Messbuch
Welcher Ministrant hätte gedacht, dass Geistiges/Geistliches so schwer sein kann?

Messwein
Aus gegorenem Traubensaft (Es soll Minis–Spezialisten für die Resttropfen – Verwertung geben.)

Ministrant
Zu Deutsch: „Diener“ – vom Lateinischen „minister“ abgeleitet (Könnte sich daher auch „Minister“ nennen)

Oberministrant
Er soll die Lieblingskinder des Pfarrers handzahm machen. (Zum Nachdenken: Alle Minis werden vom Oberministranten kritisiert – nur nicht Udo, der kann Judo.)

Ostern/Osternacht
Auferstehung des Herrn. Aufwendige Liturgie, Großeinsatz für Minis

Papst
„Papa“ der römisch–katholischen Kirche (meist aber nicht im Papa–Alter, sondern im patriarchalischem Alter)

Pastor (auch Pfarrer)
Zu Deutsch „Hirte“. Leitet die Schäflein seiner Gemeinde und verhilft ihnen gütig oder streng zum Seelenfrieden

Pfarrei – Pfarrgemeinde
Das Gebiet, das von den Minis gegen die Minis der Nachbarpfarrei kompromisslos verteidigt wird

Pfarrhaushälterin
Führt den Pfarrhaushalt – heute eher Mangelware

Pfingsten, Pfingstsonntag/Pfingstfeiertage
Eigentlich: Fest der Herabkunft des Heiligen Geistes, für viele aber leider nur Ausflugstage

Predigt
Ansprache des Priesters an die Gemeinde, die den Minis eine (hoffentlich) kurze Ruhepause verschafft

Sakristei
Der Raum, in dem die Minis ihr freches Gesicht gegen ein frommes tauschen (Nach der Messe eventuell gemeinsamer Rückwechsel)

Stola
Symbol in liturgischen Farben für priesterliche Vollmacht (Bei modebewussten Damen auch in Pelzausführung gebräuchlich, was liturgisch bedeutungslos)

Tabernakel
Zu Deutsch: „kleines Zelt", heute meist künstlerisch gestalteter kleiner Panzerschrank

Talar
Umständlich groß geratener dienstlicher Lendenschurz des Klerus

Taufe
Meist unter Verwendung niedlicher Babys durch Übergießen mit Wasser (bei Minis sehr beliebt, da Obulus zu erwarten)

Weihnachten
Eigentlich Geburtstagsfest Jesu – was aber wegen der vielen Geschenke leicht vergessen wird. Für manche ist auch „Schnee von gestern" (Großeinsatz für Minis!)

Weihrauch
orientalischer Duftstoff, raumausfüllend und aufsteigend (Vorsicht: kann Empfindlichen den Atem rauben)

Weihwasser
kommt als himmlischer Tau über Gerechte und Ungerechte.

Zelebrant
Vorsteher beim Gottesdienst (Daneben machen sich auch noch andere Personen wichtig)

DER LUSTIGE MINISTRANTEN-SONG

(MELODIE „LUSTIG IST DAS ZIGEUNERLEBEN")

Lustig ist's Ministrantenleben
faria, faria ho,
brauchen nichts in den Opferkorb geben –
faria, faria ho.
Ist einer sonst auch ein böser Fratz,
hat er jetzt vorne den besten Platz –
faria, faria, faria, faria, faria, faria ho.

Sind wir manchmal auch kleine Sünder . . .
sind wir doch Pfarrers Lieblingskinder . . .
Zieh'n wir liturgische Kleidung an,
gleichen wir uns fast dem Pfarrer an . . .

Sind wir auch nicht ganz so fromm zuhaus . . .
hier in der Kirch seh'n wir würdig aus . . .
Sind eine richtige Augenweide,
für die Gemeinde die wahre Freude . . .

Wenn bei uns eine Hochzeit ist . . .
würden wir Minis gar sehr vermisst . . .
Zeigen die Ministrantenkunst,
da kommt so manches Markstück zu uns . . .

Am liebsten ist uns das Weihrauchfass . . .
das macht uns allen am meisten Spaß . . .
Wer es mal hat, der freut sich sehr
und gibt es so schnell nicht wieder her . . .

In unsrer Ministrantenstunde . . .
sind wir eine gar lustige Runde . . .
Spätestens hier wird jedem klar:
wir sind des Herrgotts fröhliche Schar . . .